BLITZSCHNELL
BASTELN

Kleine Ideen für zwischendurch

COPPENRATH

Was haben Klorollen, Steine, Wolle und Papier gemeinsam?

Genau: Aus allem lässt sich ratzfatz Tolles basteln! Suche dir auf den nächsten Seiten dein Lieblings-Projekt aus und schon kann das große Werken beginnen. Über Feuer laufen, gefräßige Großmäuler füttern, aus den Wolken springen und viele andere Abenteuer erwarten dich! Zeige allen, dass auch in dir ein Bastelheld steckt!

INHALT

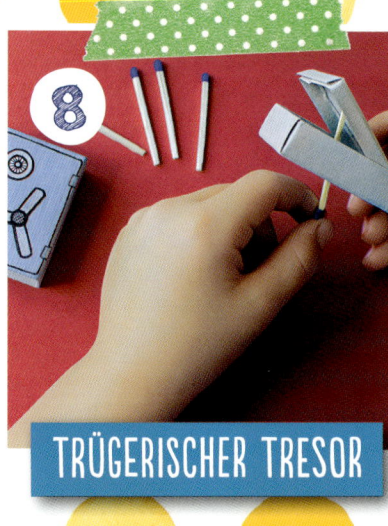
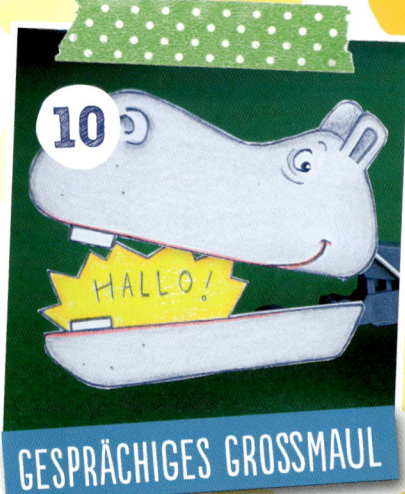

18 AUF INS ALL!

20 FRECHER FLASCHENFREUND

22 FEURIGE FÄHRTE

24 VERRÜCKTE VERPACKUNGSKÜNSTLER

25 BADENDER BOTSCHAFTER

26 STEIN-SPEZIALIST

27 WACHSENDE WUNDERFARBEN

28 FURCHTLOSER FALLSCHIRMSPRINGER

TIPP

Wenn du Farbe einsetzt, schütze deinen Tisch mit einer Unterlage, zum Beispiel mit Zeitungspapier. Ein altes T-Shirt oder eine Schürze bewahrt dich selbst vor einem bunten Bad. Bei Schneidearbeiten lässt du dir am besten von einem Erwachsenen helfen, damit du dich nicht verletzt.

SCHIELENDE SCHLANGE

Material

* Saft- oder Milchkarton mit quadratischem Boden
* Schere
* Lineal
* Kugelschreiber
* Vorlage (Seite 31)
* Klebstoff
* Papier
* Buntstifte (z. B. Gelb, Grün, Rot, Schwarz)
* Spitzer Gegenstand (z. B. dicker Nagel)
* Washi-Tape
* 2 kleine Kugeln oder Perlen
* Cuttermesser

Knifflig, knifflig: Befördere beide Kugeln gleichzeitig ins Ziel.

Achtung, hier wird gefährlich mit den Augen gerollt! Nur wer sich nicht aus der Ruhe bringen lässt, hat das Zeug zum Schlangenbeschwörer.

Wasche einen leeren Saft- oder Milchkarton aus. Schneide den Boden mit einer Höhe von ca. 1,5 cm ab.

Mit Lineal und Kugelschreiber kannst du die richtige Stelle leicht rundum markieren. Schneide eine Seite des restlichen Behälters ab und lege den Boden darauf. Schneide ein Quadrat in der Größe des Bodens aus ❶.

Jetzt wird's bunt: Kopiere die Vorlage von Seite 31, klebe sie auf das Quadrat und schneide an der Kante entlang aus. Male die Schlange leuchtend aus ❷.

Stich von oben durch Papier und Karton vorsichtig zwei Löcher in die Augen. Falls sie ausfransen, glätte sie etwas ❸.

Fertig?

Dann drücke dein Schlangen-Quadrat in den Boden, bis es fest sitzt. Sollte es ein wenig zu groß sein, schneide an den Seiten schmale Streifen ab, bis es passt. Zum Schluss beklebst du den Boden außen, oben und innen mit Washi-Tape. Und jetzt: Kugeln rauf auf's Spielfeld und ab damit in die Augenlöcher ❹!

Tipp

Lasse ein anderes Tier mit den Augen rollen oder belege eine (Loch-)Pizza mit (Kugel-) Oliven. Je mehr Löcher und Kugeln du benutzt, desto schwieriger wird es!

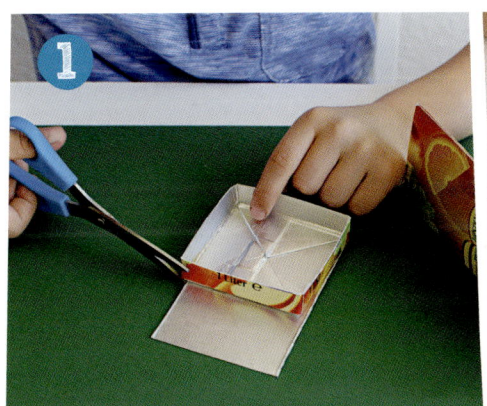

BISSIGER BALLSPIELER

Material

* Schere
* Karton
* Lineal
* Vorlage (Seite 31)
* Papier
* Kleber
* Buntstifte
  (z. B. Hellgrün, Grün, Rot,
  Gelb, Orange, Blau)
* Bleistift
* Spitzer Gegenstand
  (z. B. Nagel)
* Stickgarn

Lass es schnappen: Zwirble das Lesezeichen an den beiden Bändern auf und schon fängt das Krokodil fette Beute!

Schneide ein Stück Karton der Größe 19 x 4 cm zu. Kopiere die Vorlagen von Seite 31, schneide sie aus und beklebe den Karton auf jeder Seite mit einem Krokodil, sodass es in dieselbe Richtung schaut ❶. Schneide überstehendes Papier ab.

Male das Krokodil nun mit einem hellgrünen Stift leuchtend aus. Wenn du den Rand in einem dunkleren Grün färbst, wirkt es fast lebendig ❷. Durch einige Punkte mit Bleistift entsteht eine Krokodilhaut. Das Maul wird mit einem roten Farbton richtig gefährlich! Lustig wirkt es mit einem bunten Ball und einem bunten Rahmen.

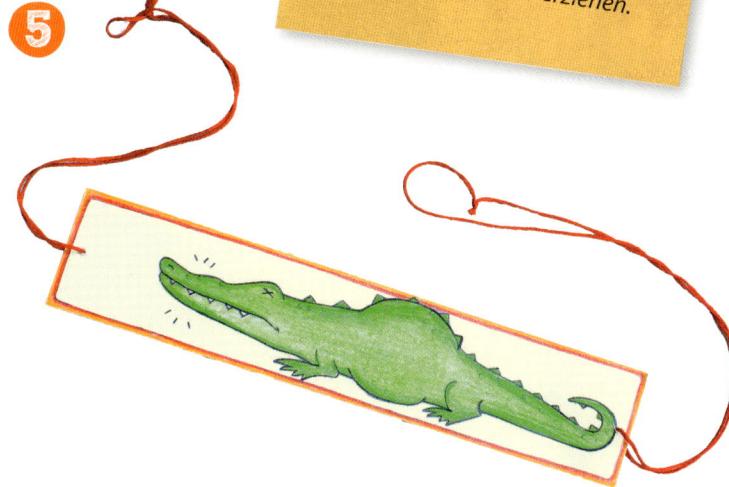

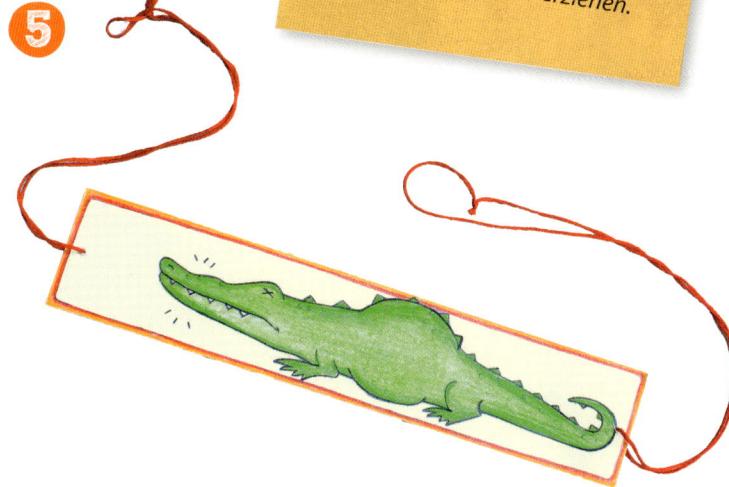

Tipp

Um dein Lesezeichen zu schützen, kannst du es mit selbstklebender Transparentfolie überziehen.

5

An den beiden kurzen Enden stichst du mit einem spitzen Gegenstand vorsichtig ein Loch durch den Karton. Fädle nun je ein Stück Stickgarn (Länge ca. 50 cm) hindurch und verknote die Enden **3**.

Halte eine Schnur fest und zwirble die andere, so weit es geht, um deinen Zeigefinger **4**.

Lasse sie los und – wooow! – das Lesezeichen dreht sich blitzschnell und das Krokodil schnappt nach dem Ball **5**.

TRÜGERISCHER TRESOR

Einbruch und Diebstahl zwecklos, denn bei dir gibt's nichts zu holen. Oder doch? Verwahre deine kleinen Schätze und großen Geheimnisse an einem unsichtbaren Ort!

Material

* Acrylfarbe
  (z. B. Weiß und Schwarz)
* Farbnapf
* Wasserglas
* Pinsel
* 2 Streichholzschachteln
* Spitzer Gegenstand
  (z. B. Nagel)
* Nagelschere
* Vorlage (Seite 30)
* Papier
* Klebstoff
* Feiner schwarzer
  Folienschreiber

Mische aus schwarzer und weißer Farbe einen hellen Grauton. Bemale damit die Hülle einer Streichholzschachtel ①.

Lasse die erste Farbschicht trocknen und trage eine zweite auf. Wiederhole dies, bis die Farbe vollständig deckt, und lasse alles trocknen. In der Zwischenzeit bohrst du in die Mitte des Schachtelbodens mit einem spitzen Gegenstand ein kleines Loch. Einen zweiten Schachtelboden schneidest du auf die halbe Höhe zurecht ②, er wird gleich für den doppelten Boden genutzt.

TIPP

Du willst es ganz unauffällig? Dann lasse die Schachtel so unbemalt, wie sie ist, und setze nur einen zweiten Boden ein.

Lege Geld, geheime Nachrichten oder andere kleine Schätze in die Schachtel und drücke nun den zweiten, halbhohen Boden umgedreht hinein. Dadurch wird die Unterseite jetzt zur Oberseite ❸. Versteckt sind deine Kostbarkeiten! Wenn du magst, beschrifte den doppelten Boden.

Die Farbe ist getrocknet? Super! Kopiere die Vorlagen für den Türöffner und das Zahlenrad auf Seite 30 und male sie aus. Mit einem Silberstift wird's fast täuschend echt! Klebe die Elemente auf den bemalten Grundkörper. Jetzt malst du mit einem feinen Folienschreiber den Türspalt und die Scharniere auf ❹.

Schiebe den Boden zurück in die bemalte Hülle, lege einige Streichhölzer hinein und fertig ist dein Geheimversteck ❺.

Und nur du weißt, wie sich der Tresor öffnen lässt: Einfach ein Streichholz von hinten in das Loch stecken und den doppelten Boden herausdrücken ❻.

Ganz schön schlau, oder?

GESPRÄCHIGES GROSSMAUL

Traue dich ran ans große Maul! Es hat dir einiges zu sagen ...

So bringst du ein Nilpferd zum Spre-
chen: Kopiere die Vorlage auf Seite 30,
klebe sie auf Karton und bemale sie.
Den Hauptteil kannst du hellgrau
färben und die Fläche um Auge und Na-
senloch weiß halten. An den schwarzen
Linien benutzt du dunkleres Grau, so
wirkt dein Nilpferd fast lebendig ❶.

Ein roter Mund und viel Farbe und eine
Botschaft für die Sprechblase – fertig!
Schneide beide Teile sauber aus ❷.

Klebe das schmale Kopfteil unten auf
die Wäscheklammer. Oben klebst du ein
Stückchen dicken Karton auf ❸. Auf
der Erhöhung wird der Kopf mit Klebstoff befestigt. Lasse alles gut trocknen.

Schon ist dein Großmaul sprechbereit:
Drücke die Klammer am hinteren Ende
zusammen und lasse das Maul auf- und
zuklappen ❹!

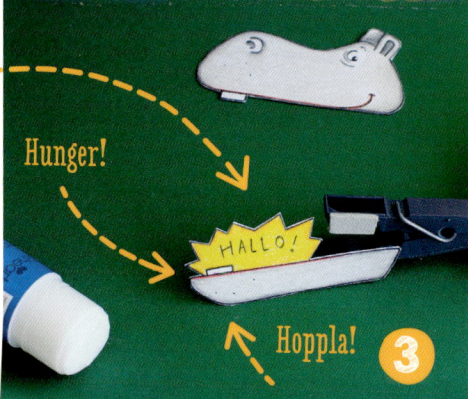

TIPP

Bastle eine ganze Nilpferdherde und verwende sie als Geburtstagseinladung! Schreibe **„Einladung"** in die Sprechblase und stecke zusätzlich einen kleinen Zettel in die Klammer. Darauf kannst du die Einzelheiten deiner Feier schreiben.

MAGISCHE MÄHNE

Material

- ★ Vorlage (Seite 31)
- ★ Papier
- ★ Schere
- ★ Klebstoff
- ★ Weißer Karton, A3
- ★ Wasserfarben
  (z. B. Gelb, Orange und
  Braun, Schwarz)
- ★ Wasserglas
- ★ Pinsel
- ★ Trinkhalm

TIPP

Verrückte Frisur: *Schneide aus einem Foto dein Gesicht aus und blase dir selbst eine bunte Haarpracht! Wichtig ist, dass dabei keine Flüssigkeit auf das Foto gerät.*

Wütend ist er, dieser Löwe – kein Wunder, so ganz ohne mächtige Mähne! Traue dich und schenke ihm eine neue Pracht.

Kopiere die Vorlage auf Seite 31, schneide sie aus und klebe den Kopf etwa mittig auf einen großen Karton, sodass außenherum schön viel freie Fläche bleibt. Du kannst natürlich auch selbst einen Löwenkopf malen!

Färbe zunächst das Gesicht ein. Verwende Gelb für die Hauptfläche. Male mit Braun entlang der schwarzen Kontur und fülle Nase, Ohren und Lippen braun aus **1**.

Mit braunen oder orangefarbenen Pinselstrichen erzeugst du eine Fell-Struktur **2**. Für das Maul verwendest du Braun und Orange oder etwas Rot, für die Augen passt ebenfalls Orange. Jetzt noch die Schnurrbarthaare und …

… jetzt kommt der Stolz eines jeden Löwen: die Mähne. Verdünne die Farben noch etwas, sie sollten richtig schön flüssig sein. Mit einem Pinsel setzt du nun einen Farbtropfen außen auf den Löwenkopf, dorthin, wo die Mähne beginnen soll. Richte einen Trinkhalm schräg auf den Tropfen, sodass die Öffnung vom Kopf weg zeigt **3**.

Blase vorsichtig in den Halm und den Tropfen über die Seite. Juchhu – die Mähne wächst! Je nachdem, wie du den Trinkhalm hältst, kannst du die Fließrichtung des Tropfens beeinflussen. Mit unterschiedlichen Farben sieht es besonders toll aus **4**. Blase die Tropfen rund um den Kopf, bis dein Löwe in einer üppigen Mähne erstrahlt!

13

FRASS FÜR DEN FUCHS

Hunger kann so richtig böse machen! Schnell, wirf dem Hungrigen das Futter ins Maul!

Drücke eine Klorolle platt. Schneide den Fuchskopf heraus, indem du an einer kurzen Seite die Ohren und auf der anderen kurzen Seite eine Schnauze entstehen lässt ❶.

Die Nase und die Schnauze unten rundest du ab. Oben kannst du Zacken als Zähne herausschneiden und leicht nach innen knicken. Tackere die Oberkante des Kopfes mit vier Klammern zusammen ❷.

Die Fleischkeule schneidest du aus dem größeren Rollenrest heraus (ca. 2 cm x 4 cm) und bemalst sie auf beiden Seiten. Stich ein Loch in die Pappe und knote einen ca. 30 cm langen Bindfaden daran ❸.

Färbe den Kopf hellbraun und tupfe mit einem feinen Pinsel dunklere Härchen auf. Die Zähne blitzen neben dem orangefarbigen Maul weiß hervor ❹!

Einzelne Flächen wie Zähne oder Fleisch kannst du mit einem dünnen Bleistift feiner ausarbeiten. Mit Haarspray besprüht, hält dein Werk länger. Jetzt das lose Ende des Fadens hinten im Maul mit Klebeband befestigen ❺ und dann: Maul aufreißen und das Fleisch schwungvoll hineinfliegen lassen!

rein mit dem Leckerbissen

Material

* Klopapierrolle
* Schere
* Tacker
* Wasserfarben
  (z. B. Braun, Schwarz,
  Rot, Orange, Deckweiß)
* Pinsel
* Wasserglas
* Spitzer Gegenstand
  (z. B. Nagel)
* Bindfaden
* Bleistift
* Klebeband

1

2

3

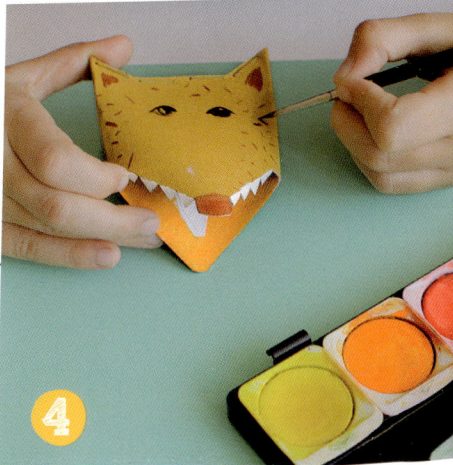

4

5

Tipp

*Du kannst den Faden mit der
Beute kürzen, so fällt das
Füttern etwas leichter.*

MONSTER-MANNSCHAFT

Keine Sorge: Die wollen nur spielen! Mit ein paar Handgriffen lässt du diese monstermäßig coolen Kumpel entstehen ...

Jedes Monster bekommt einen Wollbauch, dafür bastelst du einen kleinen Pompon: Lege das Ende eines Wollknäuels um eine Gabel und lasse es locker hängen **1**.

Nun wickelst du etwa 40 Runden Wolle fest und gleichmäßig um die Gabel. Schneide den Faden großzügig ab und stecke das Ende durch die mittlere Zinke **2**.

Verknote beide Wollenden fest **3**, ziehe alles vorsichtig von der Gabel und schneide beide Seiten vorsichtig auf **4**. Ein bisschen zurechtzupfen und fertig! Kopiere nun die Monster-Vorlagen auf Seite 30, klebe sie auf Karton und male sie aus.

Schneide sie dann aus, klebe die Wackelaugen auf die Kreuz-Markierungen und stecke den Wollbauch durch das Loch **5**.

Leichter geht es, wenn du den Karton-Kreis unten einschneidest. Und jetzt kannst du die Monster-Mannschaft kräftig mit den Augen wackeln lassen!

Hilfe!

TIPP

Es soll besonders schnell gehen? Dann klebe die Wackelaugen direkt auf den Pompon, auch so lässt es sich wild schauen!

Material

* Wolle
* Gabel
* Schere
* Vorlage (Seite 30)
* Papier
* Klebstoff
* Karton
* Wasserfarben
  (z. B. Rot, Gelb, Blau,
  Orange)
* Pinsel
* Wackelaugen

AUF INS ALL!

Material

* Cuttermesser
* Haushaltsschwamm
* Fasermaler
* Vorlage (Seite 29)
* Papier
* Klebstoff
* Karton
* Schere
* Spitzer Gegenstand (z. B. Nagel)
* Fingerfarbe (z. B. Blau, Gelb, Rot, Schwarz)
* Faden

Nichts für schwache Nerven: Rakete rüsten und hinauf geht's zu den Sternen!

Die Stempel brauchst du später zum Dekorieren von Rakete, Wolke, Sternen und Flamme. Dafür schneidest du einen Haushaltsschwamm in ungefähr 2 cm dicke Scheiben. Die obere, grobe Schicht entsorgst du. Male mit einem Fasermaler vor und zerschneide die Scheiben in die gewünschten Stempelformen 1.

Kopiere die Vorlagen auf Seite 29 und klebe sie auf Karton. Schneide sie aus und stich die Löcher durch. Endlich wird gestempelt: Benutze jeden Schwamm nur für eine Farbe. Trage die Farbe auf, wenn nötig mehrmals hintereinander. Setzt du den Stempel gerade auf, entstehen einfache Muster 2.

Für Farbübergänge tupfst du verschiedene Farben ineinander 3. Sobald die Farbe trocken ist, kannst du die Rückseite verschönern.

Knote die einzelnen Teile mit Fäden aneinander 4. Der oberste Faden bekommt eine Schlaufe und – schwups – daran hängst du dein Werk nun auf.

Nicht schlecht, mitten im Weltall zu stehen, oder?

FRECHER FLASCHENFREUND

Ein bisschen verrückt und für jeden Spaß zu haben –
solche Freunde sind einfach toll und überaus nützlich.

TIPP

Denke dir andere Flaschenfreunde
aus. So wird dein Zimmer zu einer
richtig wilden Wohngemeinschaft!

Wasche eine Plastikflasche aus, trockne sie ab und male die Form deines neuen Freundes mit einem Folienschreiber vor ❶: Ohren, Augen und Mund auf der Vorderseite, einen Schwanz auf der Rückseite. Kein Problem, wenn es ein wenig unordentlich wird, das übermalst du später.

Schneide den oberen Teil der Flasche rundherum mit einem Cuttermesser ab. Hierbei lässt du dir von einem Erwachsenen helfen. Die Flasche sollte nun noch eine Höhe von etwa 15–18 cm haben. Schneide an der oberen Kante entlang und den Mund als Loch aus. Runde die Ohren und den Schwanz etwas ab, damit du dich nicht daran verletzt ❷.

Jetzt erweckst du deinen Flaschenfreund mit Farbe zum Leben. Das geht besonders gut, indem du die Hand in die Flasche steckst, um sie zu halten ❸.

Lasse alles gut trocknen und trage wenn nötig weitere Schichten auf. Im getrockneten Zustand kannst du einzelne Elemente, wie beispielsweise Zähne oder Augen mit einem dünnen Bleistift umranden, das wirkt noch besser. Klebe zum Schluss Wackelaugen auf.

Witzig ❹!

Material

* Plastikflasche (mind. 1l)
* Folienschreiber
* Cuttermesser
* Schere
* Acrylfarbe (z. B. Blau, Gelb, Rot, Weiß)
* Pinsel
* Farbnapf
* Bleistift
* Kleber
* Wackelaugen

Und jetzt: Füllen und freuen!

FEURIGE FÄHRTE

Dir ist kein Risiko zu heiß? Dann sind diese Stelzen genau das Richtige für dich! Entzünde die Flammen und lass dich von ihnen tragen, wohin du willst …

Entferne von zwei Dosen die Deckel, wasche sie aus und trockne sie ab. Sind sie mit Papier beklebt, weiche sie in Seifenwasser ein. Nach kurzer Zeit kannst du das Papier ablösen. Bohre mit einem Korkenzieher in jede Dose zwei direkt gegenüberliegende Löcher knapp über dem Boden. Mit der Hilfe eines Erwachsenen geht das ganz flott! Achtung: Die Ränder und Löcher können scharf sein!

Male die Flammenform vor und anschließend aus: Der Streifen um die Öffnung wird gelb ❶. Es folgen rote Flammen mit organgefarbigem Rand. Mische dafür Rot und Gelb ❷. Den Rest der Dose färbst du schwarz ein ❸.

Schneide eine Wäscheleine zurecht, indem du die Länge vom Boden bis zur Handfläche deines hängenden Arms misst. Verdopple diese und schneide zwei Stücke in dieser Länge ab. Farbe schon trocken? Super! Schiebe ein Ende der Wäscheleine von außen durch ein Dosenloch und verknote es innen fest ❹. Genauso machst du es mit dem anderen Ende.

Ziehe die Knoten von außen richtig fest und schon kannst du auf die Flammen steigen ❺!

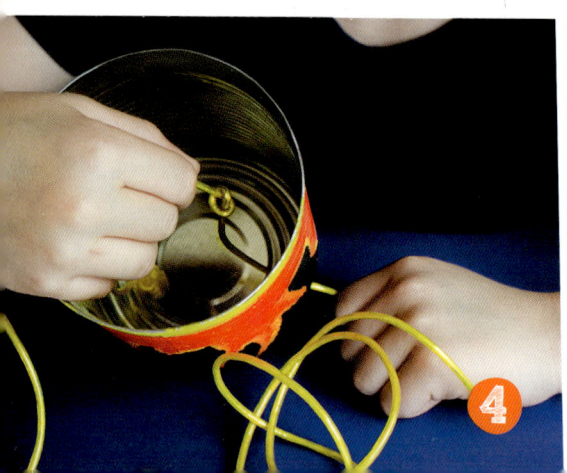

Material

* Zwei große, leere Metalldosen (z. B. Suppendosen; bei mehr Körpergewicht stabilere Farbdosen)
* Korkenzieher
* Folienschreiber
* Acrylfarbe (z. B. Rot, Gelb, Schwarz)
* Pinsel
* Farbnapf
* Wäscheleine

Übrigens:

Benutze deine Stelzen am besten nur auf Teppich, im Gras oder klebe Filz auf den unteren Rand, damit du keine Kratzer auf dem Boden hinterlässt.

TIPP

Auch über den Himmel laufen macht Spaß: Male statt Flammen Wolken auf deine Stelzen!

5

VERRÜCKTE VERPACKUNGSKÜNSTLER

Aufräumen und Verpacken ist langweilig ? Diese kleinen Helfer machen richtig Spaß!

Schneide den oberen Rand eines Bechers ab. Unterteile den Becher in ca. 10 etwa 2 cm breite Abschnitte. Schneide an der Markierung 2 cm bis 3 cm ein und knicke die entstehenden Laschen nach innen ❶.

Schon ist dein Behälter fertig!

Variante 1: Ein Geschenk verpacken, Krimskrams verstauen oder deinen Gästen kleine Leckereien anbieten – mit der entsprechenden Bemalung bekommt deine Verpackung den letzten Schliff! Für großen Spaß sorgt beispielsweise ein Gesicht: Wenn du den Becher öffnest, stehen die Haare nach oben ❷ + ❸.

Variante 2: Zwei nach oben stehende Laschen werden die Ohren des Hasens ❹. Auf der Rückseite darf natürlich ein Puschel nicht fehlen ❺. Entscheide, was seinen Bauch füllen wird!

Variante 3: Name drauf und rein mit einem kleinen Geschenk – so eine tolle Verpackung bekommt man nicht alle Tage ❻!

TIPP

Verwende deine Schwamm-Stempel von Seite 19 zur Gestaltung deiner Becher!

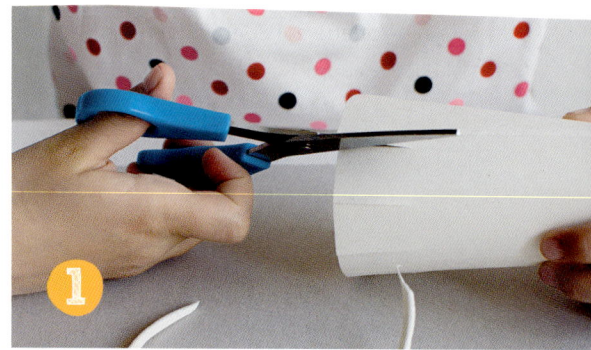

BADENDER BOTSCHAFTER

Du als Schwimmlehrer? Klar, mit diesem Pinguin geht das ganz leicht!

Kopiere die Vorlage auf Seite 30, färbe sie ein und schneide deinen Pinguin aus . Auch ein selbst gezeichneter Pinguin ist klasse! Bemale nun auch die Rückseite der Flügel.

Knicke sie nach vorn, sodass sie sich über dem Bauch kreuzen. Wenn du magst, schreibe eine Botschaft in den weißen Bereich unter den Flügeln.

Jetzt geht's hinein ins kühle Nass! Lege den Pinguin vorsichtig in eine mit Wasser gefüllte Schüssel **2**.

Kaum zu glauben: Er macht sich innerhalb von Sekunden badebereit, öffnet seine Flügel **3** und gibt deine Botschaft preis **4**!

Da will man doch gleich zu ihm ins Wasser springen!

Material

* Vorlage (Seite 30)
* Papier
* Buntstifte (z. B. Schwarz, Orange, Grün, Rot)
* Schere
* ggf. Wasserschüssel

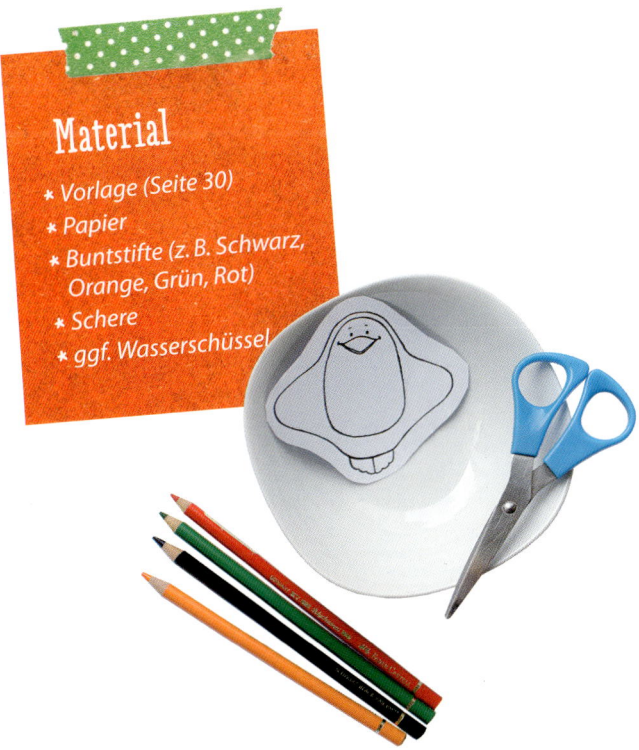

STEIN- SPEZIALIST

Material

* Steine
* Acrylfarben (z. B. Rot, Gelb, Blau, Braun, Weiß)
* Pinsel
* Farbnapf
* Wasserglas
* Folienschreiber in Schwarz

Wer klug ist, weiß: Diamanten und Brillanten sind nichts gegen diese Edelsteine! Durch ein bisschen Farbe erwachen sie zum Leben ...

Auf nach draußen zur großen Steinsuche: kleine, größere, runde, eckige und alle am besten so flach wie möglich! Nimm mit, was dir passend erscheint, und lege dir am besten gleich eine ganze Sammlung zu. So hast du eine optimale Auswahl und kannst dir überlegen, welche Formen und Größen sich am besten zu Figuren zusammenlegen lassen ❶.

Sobald du dich für die richtigen Steine entschieden hast, säuberst und bemalst du sie. Färbe erst die größeren Flächen ein und lasse alles trocknen. Mit einem Folienschreiber kannst du Details einzeichnen, wie Gesichter oder Knöpfe, und Flächen umranden ❷. Im Handumdrehen entstehen die tollsten Figuren ❸!

Und jetzt: Körperteile vertauschen und ablachen! Du bist ohne Zweifel ein echter Stein-Spezialist!

TIPP

Auch Punkte, Streifen, Karos oder einfarbige Steine sehen toll aus! Das geht etwas schneller und du kannst sie zu tollen Mustern kombinieren.

WACHSENDE WUNDERFARBEN

Ein normales Bild malen kann ja jeder. Du kannst mehr: Farben selbst machen und diese auch noch wachsen lassen!

Material

★ Tasse Mehl
★ Päckchen Backpulver
★ Schüssel
★ Rührbesen
★ Löffel
★ Kleine Plastikbeutel
★ Lebensmittelfarben
★ Gummiringe
★ Schere
★ Karton in Weiß
★ Backblech
★ Herd

Gib eine Tasse Mehl und drei Teelöffel Backpulver in eine Schüssel. Mische beides mit etwas Wasser vorsichtig zu einer glatten, zähflüssigen Masse. Teile sie mit einem Löffel auf vier kleine Plastikbeutel auf ❶.

In jeden Beutel gibst du etwas Lebensmittelfarbe und verschließt ihn fest mit einem Gummiring. Knete den Beutel durch, bis die Masse durchgefärbt ist ❷.

Schneide nun von jedem Farbbeutel eine winzige Spitze ab und male gleich drauflos! Denke dir schöne Muster aus, male witzige Gesichter, schreibe deinen Namen oder Nachrichten auf Karton ❸.

Sobald dein Meisterwerk vollendet ist, legst du es für etwa 30–60 Sekunden auf ein Backblech in den vorgeheizten Ofen (180° Grad). Lasse dir dabei von einem Erwachsenen helfen und pass auf, dass du dich nicht verbrennst. Und jetzt: Augen auf und staunen – die Farbe wächst in die Höhe! Du kannst das kleine Wunder nun aus dem Ofen nehmen und sofort aufhängen, die Farbe ist schön fest ❹.

Da soll noch mal jemand behaupten, Wunder gibt es nicht – du weißt es besser!

❹

TIPP
Dekoriere kleinere Karton-Rechtecke als Grußkarten oder Geschenkanhänger.

❶

❷

❸

FURCHTLOSER FALLSCHIRM-SPRINGER

Wagst du den Sprung aus den Wolken?

Kopiere die Vorlage auf Seite 30, klebe sie auf Karton und male sie aus. Falte den ausgeschnittenen Fallschirmspringer zwischen seinen Füßen **1**.

Knote vier Fäden von etwa 35 cm Länge an einem Ende zusammen und befestige den Knoten mit Klebeband auf der Rückseite des Fallschirmspringers **2**. Klebe ihn zusammen und lasse alles gut trocknen.

Schneide aus einem Müllbeutel ein Quadrat von ca. 35 cm x 35 cm heraus und schneide verteilt in die Fläche 3 bis 4 kleine Löcher. An jede Ecke knotest du nun einen der vier Fäden des tollkühnen Fallschirmspringers **3**.

Auf geht's zum großen Sprung: Halte die Figur am Schirm, so hoch du kannst, sodass sie locker an den Fäden hängt **4**. Für besonders lange Flüge stelle dich auf einen Stuhl.

Loslassen und – huiii! – wie ein Profi segelt er durch die Luft!

Material

* Vorlage (Seite 30)
* Papier
* Klebstoff
* Karton
* Buntstifte (z. B. Rot, Gelb, Blau, Orange)
* Faden
* Schere
* Klebeband
* Müllbeutel
* Lineal

KOPIERVORLAGEN

AUF INS ALL!
(Seite 18)

29

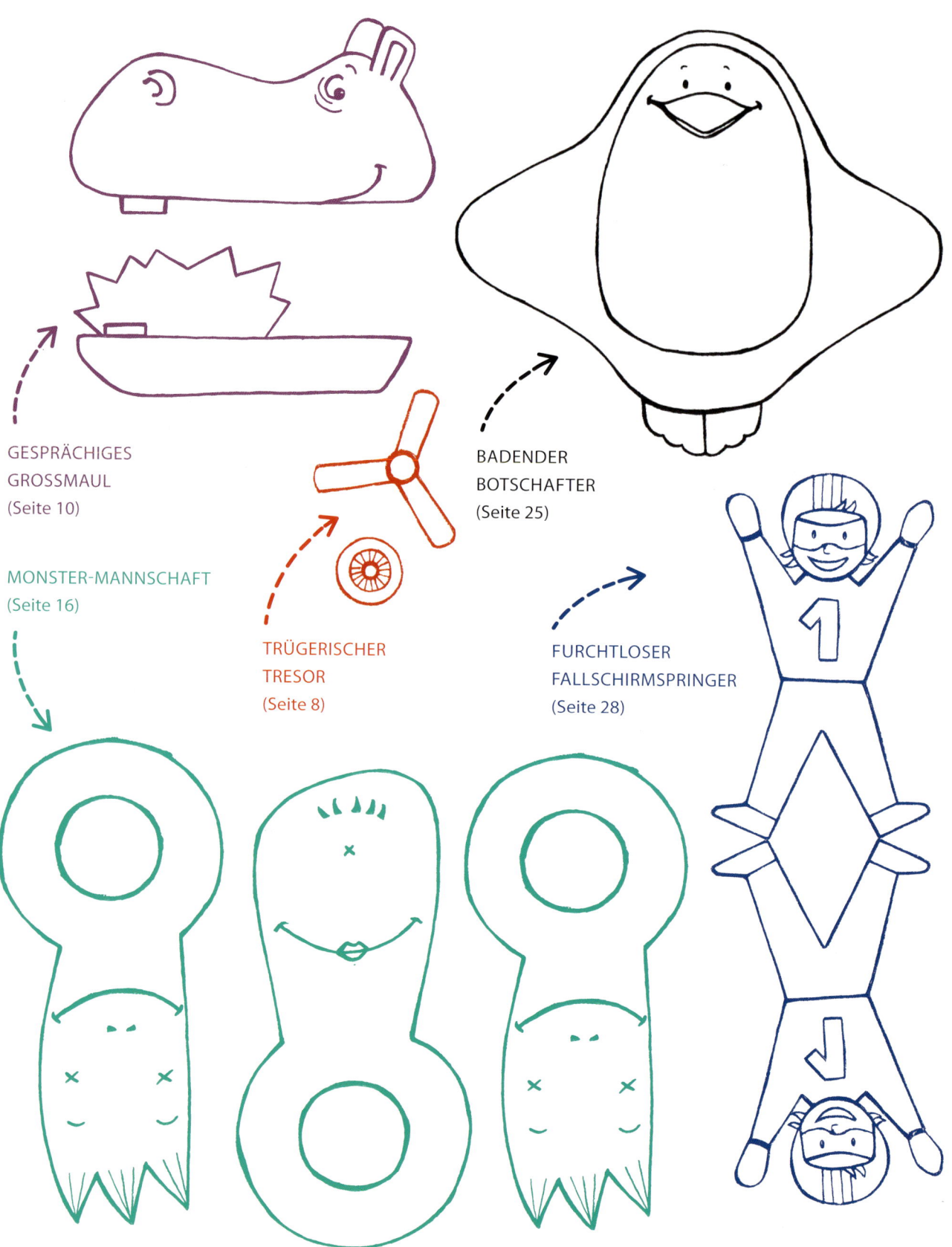

GESPRÄCHIGES
GROSSMAUL
(Seite 10)

MONSTER-MANNSCHAFT
(Seite 16)

BADENDER
BOTSCHAFTER
(Seite 25)

TRÜGERISCHER
TRESOR
(Seite 8)

FURCHTLOSER
FALLSCHIRMSPRINGER
(Seite 28)

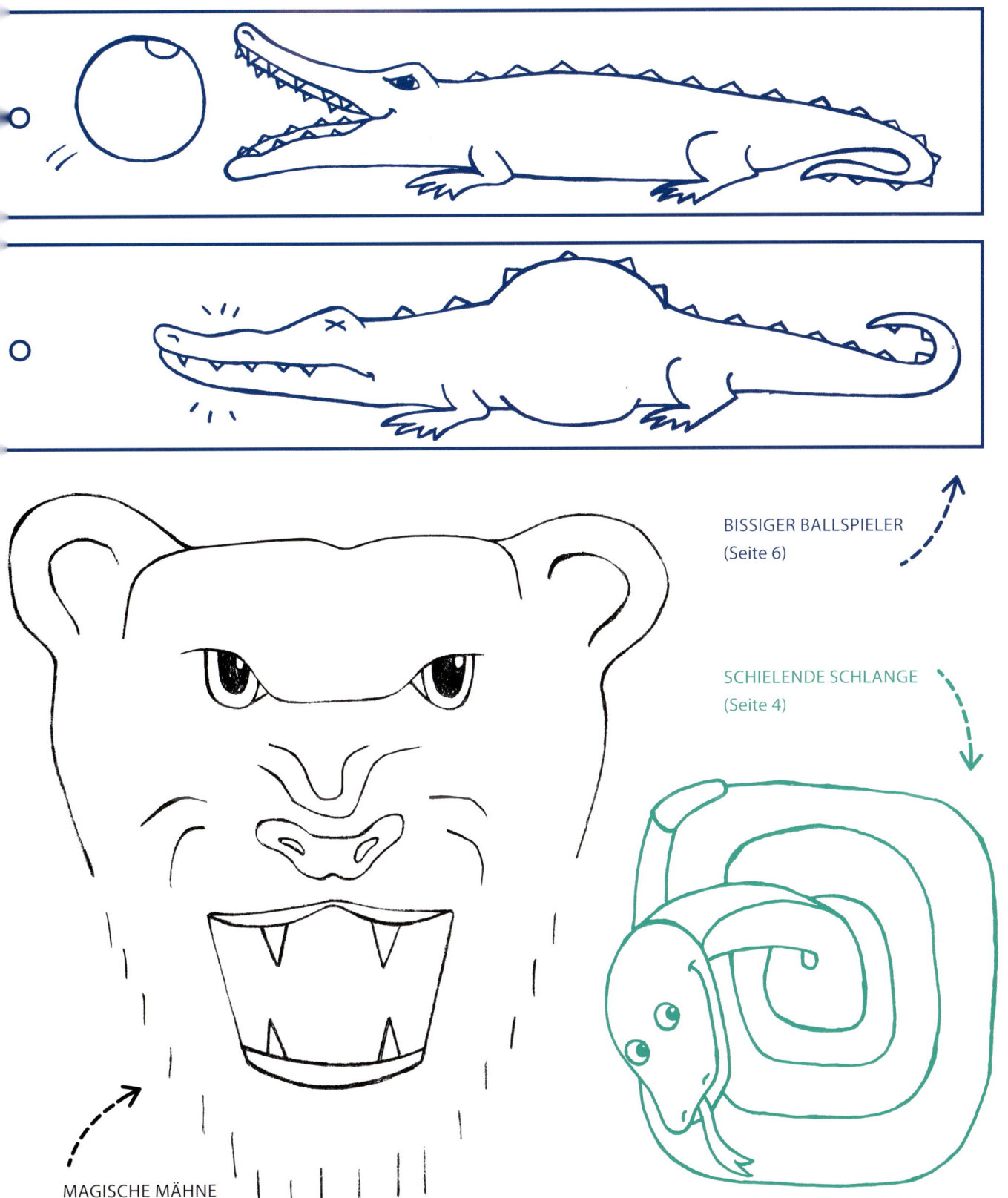

BISSIGER BALLSPIELER
(Seite 6)

SCHIELENDE SCHLANGE
(Seite 4)

MAGISCHE MÄHNE
(Seite 12)

IMPRESSUM

Alle Tipps und Informationen in diesem Buch sind sorgfältig ausgewählt und geprüft. Dennoch können weder Urheber noch Verlag eine Garantie übernehmen. Eine Haftung für Personen-, Sach- und Vermögensschäden ist ausgeschlossen.

Haftungsausschluss für Links

Urheber und Verlag haften nicht für Schäden, die durch das Aufrufen der im Buch aufgeführten Internetseiten oder die Verwendung ihrer Inhalte entstehen. Weblinks können sich ändern oder veralten. Für alle im Buch aufgeführten Internetseiten, deren Inhalte und die technische Sicherheit sind ausschließlich deren Betreiber verantwortlich.

5 4 3 2 1   20 19 18 17 16
ISBN 978-3-649-66894-7
© 2016 Coppenrath Verlag GmbH & Co. KG,
Hafenweg 30, 48155 Münster, Germany
CH: Baumgartner Bücher AG,
Centralweg 16, 8910 Affoltern a. A.

Alle Rechte vorbehalten, auch auszugsweise

Fotos: *Minerva Fotografie,* Minerva Just
Layout: Ute Kleim
Satz: Dominique Rossi
Printed in Italy
www.coppenrath.de